UN CHAPITRE

SUR

LA LÉGITIMITÉ.

Lᴇ chapitre qu'on va lire a été retranché d'un ou-
vrage de l'auteur, par l'effet de la censure. Son appli-
cation au nouvel ordre de choses est si frappante et si
concluante, que cette publication ne peut que confir-
mer la haute opinion qu'on a toujours eue de la singu-
lière pénétration de l'auteur dans les matières poli-
tiques.

UN CHAPITRE

(INÉDIT)

SUR

LA LÉGITIMITÉ,

PAR M. DE PRADT,

ANCIEN ARCHEVÊQUE DE MALINES.

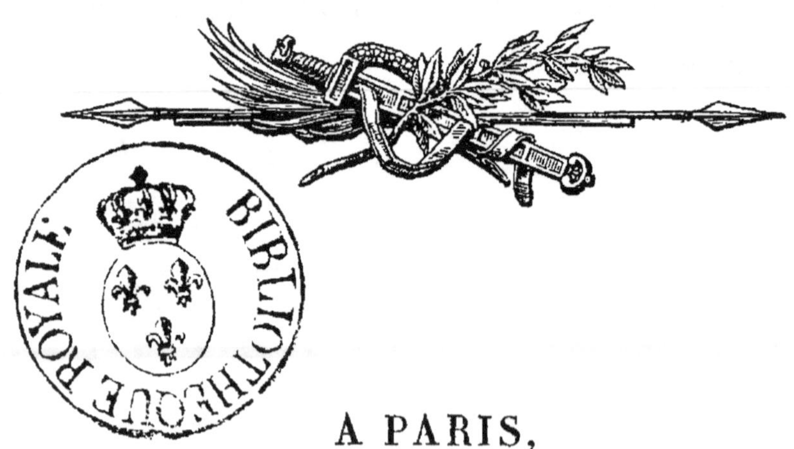

A PARIS,

LIBRAIRIE RUE DE VAUGIRARD, N° 9;

ET CHEZ DELAUNAY,

LIBRAIRE, AU PALAIS-ROYAL.

1830.

UN CHAPITRE

SUR

LA LÉGITIMITÉ.

Dᴀɴs ces derniers temps (1815), on a beaucoup, et beaucoup trop parlé de légitimité; on a cru avancer certaines affaires, établir certains droits. La tendance de ces publications n'a pu être méconnue de personne.

Nous sommes loin de partager l'opinion qui les a dictées et soutenues, et ce n'est pas sans un vif chagrin, sans une peine réelle pour ceux mêmes qu'on prétendait servir, que nous avons vu cette question saisie par une foule d'écrivains qui, depuis vingt ans, s'en vont répétant les uns après les autres des espèces de mots d'ordre que chaque possesseur d'autorité leur donne à son tour, et qu'ils redisent, quelque temps qu'il fasse, avec la même confiance et la même innocence.

Ces propagateurs de toute idée en vogue ne s'aperçoivent pas qu'ils produisent un effet directement contraire à celui qu'ils aspiraient à produire. Tandis qu'appuyés par l'autorité, et par la censure, qu'on a donnée pour soutien et pour compagne fidèle à la liberté de la presse, ces écrivains remplissent de leurs invocations à *la légitimité, à la plus juste, à la plus sainte, à la plus sacrée de toutes les causes,* cette foule d'écrits où le mauvais sens hurle en mauvaise prose ; ils ne s'aperçoivent pas, dis-je, que tandis qu'une petite portion de lecteurs souscrit à cet ordre d'idées qui les flatte, l'immense majorité des lecteurs et de la Nation ne s'y reconnaît point, et conclut dans un sens absolument contraire.

On a fait pour la légitimité ce que faisaient pour le système guerrier et anti-continental les écrivains de Napoléon : plus ils voulaient persuader de l'existence de ses belles idées, et plus le public s'en éloignait. Le Sénat, le Conseil, le Corps Législatif, les auteurs, séduits par l'argent, ou par leur propre sottise, et c'était le grand nombre, ne craignaient pas de recommander ces hautes conceptions à l'admiration et au respect de la France et de l'Europe : mais plus ils parlaient, moins on écoutait, moins on se montrait disposé à la persuasion. Il en est de même dans la question de la légitimité. On en a parlé jusqu'à satiété ; on en a écrit d'une manière fatigante. On a été chercher la plus épineuse des questions, en même temps qu'elle est la plus personnelle aux nations ; car, en définitive, elle se réduit à savoir d'où vient le pouvoir des princes sur elles; et puisqu'elles en sont l'objet, qu'elles en paient les frais, il est bien juste qu'elles en connaissent l'origine.

C'est donc, ainsi qu'on le voit, une des plus hautes questions du contrat social; et comme elle entre dans les intérêts les plus sensibles des nations, il n'y a pas de doute qu'elles ne s'en emparent, et qu'elles ne la décident dans un sens absolument contraire à celui qu'on veut leur faire adopter. Je ne doute pas qu'il n'y ait aujourd'hui en France (1815) plusieurs millions d'hommes qui ont pris parti contre la légitimité *telle qu'on la leur présente*, lesquels n'y avaient jamais pensé, et ne s'en seraient jamais occupés sans ces provocations. Ce sont de bien imprudens amis que tous ces hommes armés à la légère, qui, au premier signal, se précipitent tête baissée dans des questions dont ils ne connaissent pas plus le principe que l'issue, et qu'ils finissent ordinairement par gâter. Il en est de la politique comme de la religion : soulevez des questions, vous faites des hérésies. Les questions de cette nature sont si épineuses qu'il faut savoir se borner à jouir de leurs fruits sans scruter leur principe. On a des souverains qui honorent les nations par leur antécédent de noblesse, par des souvenirs de gloire ; jouissons de ce bien, conservons-le comme notre propriété la plus précieuse ; mais n'allons pas rechercher ensuite de quel lit ils sont souverains. On s'exposerait alors à trouver ce que l'on ne cherchait pas, et à chercher ce que l'on ne trouvera pas. Il arrivera pour les propriétés de souveraineté ce qu'il arrive pour celles des particuliers : si on les discute, surviennent les procès ; si on en fait autant pour les premières, arrivent les discussions dans les États. Imitons les sages architectes ;

ils cachent dans la terre les fondemens des édifices, et confient, pour ainsi dire, à ses entrailles le secret de leur solidité.

On a donné à cette question de la légitimité des bornes bien étroites. Un homme fils ou héritier de celui qui régnait; les nations attachées au sort de cet homme.... Voilà tout ce qu'on nous a montré. Mais ce qu'il y a de beau, ce qu'il y a de grand dans la souveraineté; le membre principal d'une partie de la grande famille du genre humain; le lien d'une partie de l'humanité avec toutes les autres; l'organe, le représentant d'une nation envers les autres peuples; le défenseur des droits, le gardien de l'honneur de cette nation; les nobles et hautes attributions de la souveraineté, tout cela a été soigneusement mis à l'écart dans tout ce que l'on a écrit sur la légitimité; et c'est cependant le point décisif de la question. La légitimité a deux faces: elle est double; intérieure et extérieure. C'est la réunion des deux qui constitue la légitimité véritable. Les peuples ne vivant pas isolés, mais étant liés par une multitude de rapports journaliers, il faut qu'ils puissent se reconnaître à des signes certains, comme il faut que les hommes se reconnaissent à un langage certain et déterminé; autrement il n'y aurait pas de société possible, et la destination du genre humain serait manquée. Or, les signes auxquels les peuples se reconnaissent entre eux, sont des gouvernemens avoués et reconnus, quels que soient d'ailleurs les noms qu'ils portent. Il faut donc qu'un gouvernement soit reconnu par les autres, pour qu'une nation puisse jouir de tous les droits attachés à l'existence sociale. Un gouvernement qui se mettrait au-dessus de cette reconnaissance ne serait pas légitime. Par conséquent, la légitimité dépend en grande partie de la reconnaissance des autres nations; et la nation dont le gouvernement ne serait pas reconnu, se trouverait retranchée de la communion des autres peuples; ce qui est l'état directement contraire à la destination des sociétés humaines. Ainsi, du moment où un Gouvernement, un Prince, est reconnu par sa nation, et qu'il l'est aussi par les autres nations; qu'il joint ainsi la légitimité extérieure (celle des peuples étrangers) à la légitimité intérieure (celle du peuple national), dès-lors il ne manque plus rien à son titre, car il est capable de remplir toutes les fonctions de la souveraineté.

Et comment pourrait-on regarder comme légitime le prince qui ne pourrait pas accomplir le but de sa destination? Il faut toujours revenir au principe que les nations n'ont pas les princes pour eux, mais pour elles; non pas pour leurs droits à eux, mais pour leurs affaires à elles. La plus grande partie des souverains de l'Europe n'ont pas d'autres droits que ceux que nous indiquons. C'est parce qu'ils sont reconnus à la fois par leurs nations, et par les autres avec lesquelles ils ont des relations indispensables, qu'ils sont souverains légitimes, et que leur titre est complet ; c'est le concours des deux autorités qui donne à la légitimité son caractère véritable.

Qu'on nous dise ce que serait un prince reconnu par la nation seule, et méconnu par toutes les autres, ou bien reconnu par les étrangers, et repoussé par les nationaux ? Quand Philippe V monta sur le trône d'Espagne, contre le gré d'une partie de la nation, et de presque toute l'Europe, était-il roi légitime? Ne l'est-il pas devenu par la reconnaissance de la nation, et par celle de l'Europe. Quand les souverainetés de Naples et de Parme furent attribuées à la Maison de Bourbon, celle-ci avait-elle d'autres titres que ceux que lui créa la reconnaissance du pays qu'elle allait occuper, et le consentement de la grande famille européenne ? hors de là, les princes appelés à gouverner ces deux pays eussent-ils été princes légitimes ? et depuis cette reconnaissance générale n'ont-ils pas joui à bon droit de tous les avantages de la légitimité ? Les Provinces-Unies ne sont-elles pas dans le même cas. Qui a conféré au roi des Pays-Bas le titre très légitime qui le fait régner sur cette contrée, si ce n'est le concours de la reconnaissance des peuples des Pays-Bas avec celle de l'Europe ? Quel est le titre du roi de Suède et du prince royal ? du roi de Sardaigne sur Gênes ? et si l'on voulait remonter plus haut, comment les Brunswick et Catherine II ont-ils été légitimés sur les trônes d'Angleterre et de Russie ? qui a purifié

les voies par lesquelles ils y sont montés,
et qui a scellé du sceau de la légitimité
un principe de domination le plus illégitime qui fut jamais?

Ceux qui poursuivaient Murat au nom
de la légitimité n'entendaient donc pas la
question. Ils se servaient contre lui d'une
arme qu'ils n'osaient pas employer contre
le prince royal de Suède, qui, dans leurs
principes, est bien autrement illégitime
que Murat. Ils invoquaient contre celui-
ci des principes dont ils se faisaient une
égide pour eux-mêmes, et dont ils recon-
naissaient la valeur à l'égard des souverains que nous avons nommés plus haut.
Que fût-il arrivé si la France seule eût
reconnu les Bourbons, sans l'Europe, ou
bien qu'ils eussent été reconnus par l'Europe seule, sans la nation? Mais c'est le
contraire qui est arrivé deux fois; ils sont
légitimés par la France et par l'Europe,
et sûrement aucun homme sensé ne s'a-

visera de contester leur légitimité, tant qu'elle aura cette double garantie intérieure et extérieure. En ne s'occupant que des principes, on peut concevoir cette hypothèse, et se demander ce qu'il fût arrivé dans le cas spécifié ci-dessus.....

Il suit de ce que nous venons d'exposer que Murat, reconnu par la nation et par l'Europe, était roi légitime, sans contestation. Il l'était d'autant plus que le détrônement du roi Ferdinand provenait du droit de la guerre. Ce prince l'avait déclarée très imprudemment. Il avait perdu ses États à ce jeu terrible de la guerre, dont cette perte est une des chances ; quiconque se met en état de guerre en court tous les hasards, et la conquête devient presqu'une certitude.

DE L'IMPRIMERIE DE CRAPELET,
RUE DE VAUGIRARD, N° 9.